DreamWorks

Gabby et la maison magique

L'anniversaire de Pandy

Bienvenue dans le jardin des contes de fées !
Aujourd'hui est un jour très spécial : c'est **l'anniversaire de Pandy Pattes !** Pour l'occasion, il a mis son chapeau coloré. Mais ce n'est pas tout. Ses amis lui ont organisé une grande fête surprise ! Où ça ? Pandy l'ignore. Mais il a hâte de le découvrir !

Avant de partir, Fée Minette lui offre une jolie pluie de confettis.
— Joyeux anniversaire ! s'exclame-t-elle. Tu es prêt à t'amuser ?
— Je n'attends que ça ! répond-il.
Alors, en route pour **l'anniversîle !**

Pour rejoindre l'île, rien de plus facile. Fée Minette dépose sur ses deux amis une **pincée de magie**, et c'est parti ! Gabby et Pandy Pattes s'envolent avec elle et se posent sur une embarcation en forme de gâteau d'anniversaire.

— Bienvenue à bord du bateau à destination de l'anniversîle ! déclare Fée Minette.
Une autre pincée de magie pour faire gonfler la voile, et le navire se met à voguer sur l'eau. **Cap sur la fête !**

Quelle direction faut-il prendre pour atteindre l'île ? Gabby a beau scruter les environs, elle ne voit que **l'océan** à perte de vue. Soudain, Marine jaillit de l'eau. Par chance, la sirène sait où se situe l'île. Ses amis n'ont plus qu'à la suivre !

Bientôt, ils aperçoivent une **montagne colorée** à l'horizon, entourée de sable et de palmiers. Voici l'anniversîle !

— Regardez, elle porte le même chapeau que moi ! s'amuse Pandy Pattes.

Il est temps d'accoster !

L'anniversîle porte bien son nom. On y trouve des cocotiers garnis de cadeaux, des buissons où poussent des cupcakes, et même des **ballons-fleurs**. Il y a vraiment tout ce qu'il faut pour célébrer un anniversaire !

Il ne manque plus que les invités. Ceux-ci se cachent derrière des panneaux en papier. Qui sont-ils ? C'est à Pandy Pattes de le deviner !

— Notre premier invité adore se pelotonner dans son lit et raconter de bonnes histoires, indique Gabby.

Son fidèle ami réfléchit… Mais oui, c'est **Polochat !** Gagné !

Le prochain convive a plus d'une note de musique dans son sac. Pour donner un indice, il se met à **fredonner**.

— Un Gabby Chat chanteur ? en déduit Pandy Pattes. DJ Miaou ? Et c'est bien lui qui apparaît !

Le troisième invité est capable de fabriquer des objets avec trois fois rien… C'est **Bébé Boîte**, bien sûr !

— Enfin, place au dernier invité, conclut Gabby.

Pas besoin de devinette, cette fois-ci. Une queue rayée bleue dépasse du panneau. Une queue qui ne peut appartenir qu'à Sacha, le seul, l'unique !

Maintenant que tous les invités sont arrivés, la fête va pouvoir commencer ! Mais tout d'abord, Bébé Boîte a une **surprise** pour Pandy Pattes. Elle conduit le groupe vers une table où elle a disposé du matériel de bricolage.

— On va fabriquer des sacs à friandises, annonce-t-elle. Des sacs… qui ressemblent à Pandy Pattes ! Une oreille noire, un petit cœur pour le nez, quelques moustaches et le tour est joué ! **Pandastique !**

Que peut-on mettre à l'intérieur de ces jolis sacs ? Fée Minette a la réponse. Elle invite les Gabby Chats à la suivre, car elle aussi a une surprise : une **piñata** en forme de cornichon ! Pandy Pattes saute de joie.

— Elle est remplie de friandises ? lui demande-t-il.

Pour le savoir, une seule solution : ouvrir la **piñata-cornichon !**
Fée Minette bande les yeux de Pandy Pattes.
— Tu dois tourner trois fois sur toi-même, lui explique-t-elle.
Un, deux, trois petits tours. Oh là là ! Pandy perd l'équilibre.
Maintenant, ça ne va pas être facile de repérer la piñata !

Quand Pandy Pattes s'éloigne du **cornichon volant**, ses amis lui disent qu'il gèle. Lorsqu'il s'en approche, ils lui indiquent qu'il brûle, si bien qu'au bout d'un moment, il réussit à trouver la piñata-cornichon !
Fée Minette fait alors disparaître son bandeau magique.

— Pour découvrir les bonbons, tu dois utiliser une **baguette magique**, révèle la petite fée.
Elle lui offre une ravissante baguette verte, dont il se sert pour viser la piñata. Il l'agite une fois, deux fois, et il finit par l'ouvrir ! Bien joué, Pandy !

La piñata-cornichon libère des **fripandises**, d'adorables bonbons en forme de Pandy Pattes. Tout contents, les amis s'empressent de remplir les sacs. Pendant ce temps, DJ Miaou se place derrière les platines.

— Maintenant, minets et minettes, à mon tour de dévoiler ma surprise ! déclare-t-il. Approche-toi, Pandy, et viens te placer au centre de la piste.

Le musicien a composé une chanson, rien que pour lui : **le boogiversaire**. Quel fanchastique cadeau !

Et qui arrive au volant de Chabriolette, au même instant ? Un expert en pâtisserie mignon comme tout : P'tit Chou !

— Livraison pour un chat qui fête son anniversaire ! s'exclame-t-il. On a encore une **dernière surprise** pour toi.

Le bolide ouvre son coffre et dévoile… une superbe **pièce montée !** Pandy Pattes est ravi, et ses amis aussi. Vite, ils s'assoient autour de la table où le petit pâtissier dépose son gâteau. Puis, avec un peu de magie, Fée Minette allume la bougie.

Il ne reste plus qu'une chose à faire avant de déguster le gâteau : chanter « Joyeux anniversaire » à Pandy Pattes.

— Miaou, miaou, miaou, miaou, miaou, entonnent les Gabby Chats d'un air entraînant.

— Merci, merci, merci ! s'écrie Pandy quand ils ont fini. Il est si content qu'il donne un coup de pattes dans le gâteau, sans le faire exprès. Résultat : la belle pièce montée s'effondre au sol. **Chatastrophe !**

Pandy Pattes est triste de voir son **magnifique gâteau** tout écrasé.
— N'oublie pas que malgré les apparences, il reste très bon, le réconforte Gabby.
Et puis, c'est encore plus rigolo de le manger avec les mains !
Son ami retrouve le sourire.

— Qu'est-ce que tu attends ? lui lance Sacha. Souffle vite la bougie et fais un vœu !
Pandy Pattes éteint la bougie mais ne formule aucun souhait, tout simplement parce que le sien a déjà été exaucé. Grâce à ses amis, il a eu la fête d'anniversaire la plus **pandastique** de sa vie !